This Notebook Belongs To

____

www.ingramcontent.com/pod-product-compliance
Lightning Source LLC
LaVergne TN
LVHW060209080526
838202LV00052B/4225
* 9 7 8 7 8 6 6 7 7 8 6 1 8 *